Spielzeug aus dem Erzgebirge

STÜRTZ – KLEINE BIBLIOTHEK 26

Grünhainichener Blumenkinder

Spielzeug aus dem Erzgebirge

EIN LESEBUCH
VON KONRAD AUERBACH
MIT SCHÖNEN BILDERN
VON UDO PELLMANN

STÜRTZ VERLAG WÜRZBURG

Beim Reifendreher

Inhalt

Ochsen als Fahrtiere

✱

Vom Bergmann zum
Spielzeugdrechsler

Das Erzgebirge hat in vergangenen Jahrhunderten eine äußerst wechselvolle Geschichte erleben müssen. Als Grenzgebirge zwischen Böhmen und Sachsen wechselten Gebietschaften dutzendweise ihre Herrscher. Nachweislich führten durch die Gebirgsregion, die unter anderem auch als »Miriquidi« (dunkler Wald) oder »Behaimer Wald« (Böhmischer Wald) bezeichnet wurde, bereits vor 1100 etliche wichtige Handelsverbindungen. Entlang dieser Siedlungsbahnen entstanden im Kammgebiet erste Befestigungen, darunter um 1240 die Burg Purschenstein. Deren Herrschaftsraum wurde zu einem Ausgangspunkt für die Entwicklung des erzgebirgischen Spielzeuggewerbes. Für den heutigen Bergflecken Seiffen im Purschensteiner Land erwiesen sich während der ersten Jahrhunderte die reichen »Seifenlager« von Bedeutung. Hier wurden durch Bergleute, genannt »Zinnseifner«, aus dem Talschutt kleinste Zinngraupen ausgewaschen. Als »cynsifen« wird dann dieses Gebiet 1324 erstmals beurkundet. Um 1560 gilt auch der Grubenbetrieb in festem Gestein als gesichert.

Gern stellt man sich vor, daß der erzgebirgische Bergmann in seiner Freizeit gebastelt, geschnitzt oder auch gedrechselt habe und in dieser schöpferischen Muße der Grund für das Entstehen der einmaligen Spielzeugkunst zu suchen sei. In westerzgebirgischen Bergorten mit ihrem noch recht lange blühenden, ertragreichen Silberbergbau war volkskünstlerisches Feierabendschaffen wohl der Fall. Hier entstand daraus später ein Zentrum der Schnitzkunst und Klöppelei. Den Seiffener Zinn-Bergmann führten jedoch nicht Zeiten der Muße zu einem Berufswechsel. Ihn zwangen Zeiten der wirtschaftlichen Not, den heimischen Werkstoff Holz gewerblich zu nutzen. Ein stetiges Auf und Ab und gravierende Verfallserscheinungen des Zinnbergbaus stellten die Frage »Bergmann oder Holzdrechsler« immer wieder als wichtige Existenzfrage. Anfänglich als Zweitberuf, geriet im 18. Jahrhundert die Holzbearbeitung mehr und mehr zum bestimmenden Gewerbe. Das Drechseln, als ergiebige rationelle Technik, stand im Mittelpunkt. Offenbar gestaltete sich der Verdienst beim Drechseln bald besser als im Bergbau. Viele ihrer einstigen Betätigung entfremdete Bergleute kehrten auch bei späterem kurzzeitigem Aufschwung des Berggeschehens nicht in ihre alten Berufe zurück. Knöpfe, Feder- und Nadelbüchsen sowie andere hölzerne Hohlgefäße waren die ersten Drechselwaren und wurden bald in größeren Stückzahlen vertrieben. Vielleicht lag einem Drechsler von damals dieser alte Spruch auf den Lippen:

Bergparade

Auch drehen wir das ganze Jahr,
In dem Handwerk viel Krämerwar,
als Ludel, Becher und Schlötterlein,
Kindesständer, Hausrat groß und klein,
denn die Krämer, auch die Kaufleut!
die kaufen uns ab viel Arbeit
und führen's in die fremde Land,
wie die selbigen sein bekannt.[1]

Seiffens Entwicklung dürfte nicht ein Einzelfall gewesen
sein. Vielmehr nahmen andere ehemalige Bergorte, etwa
Pobershau, eine ähnliche Entwicklung. Allerdings stieg dieses »Seyffen«, trotz ungünstiger Verkehrslage, zum eigentlichen Mittelpunkt der Holzwarenfertigung auf. Das Geheimnis dieses Erfolges beruhte wohl vor allem darin, daß
ein Menschenschlag am Werke war, der nachhaltig durch die
Bedingungen des Zinnbergbaus geprägt war: Regsam, ausdauernd und opferbereit, werklich geschickt und anpassungsfähig. Diese geistige Haltung und das »bergmännische«
Selbstverständnis der Seiffener setzten sich um in eine einmalige technologische und ebenso gestalterische Findigkeit,
die später zum Wesenszug der erzgebirgischen Spielzeugmacherei wurde.

Hausier- und Wanderhandel sowie Besuche von Märkten
und Messen beförderten die Produktion. Für 1699 ist ein
gewisser Johann Friedrich Hiemann überliefert, der Erzeugnisse der heimischen Holzdrechselei zuerst mittels Schiebe-

bock nach Leipzig zur Messe gebracht haben soll. Etliche Aufträge für Nadelbüchsen und Holzdosen seien die Folge gewesen. Auch Verlagshäuser, die um 1764 in Waldkirchen und Grünhainichen entstanden, führten Seiffener Drechselwaren in ihrem Angebot. Die Leistungsfähigkeit wasserkraftbetriebener Drehwerke an den schmalen Bächen – es handelte sich oft um umgebaute ehemalige Pochstätten – war enorm. Ein niedriges Lohn- und Preisniveau und die spezialisierte Holzdrechselei machten dieses erzgebirgische Wirtschaftsgebiet bald für auswärtige Auftraggeber interessant.

Gedrechselte Docken

Hohlgedrehte Früchte
voller Hausrat

Eine der einfachsten Spielzeug-Drehformen war die alte Nürnberger Docke, aus der Puppen in allen Variationen, Frauengestalten und schließlich durch Ausschnitzen der Beine auch männliche Figuren geschaffen wurden. Zeitzeugen bemängelten oft, daß die frühen gedrechselten Seiffener Spielzeuge plump gewesen wären. Doch erwiesen sich die ungewollte Abstrahierung und Naivität als ausgesprochener Vorteil für den Spielwert. Dieser Charakter barg und birgt noch heute viele Möglichkeiten für das kindgemäße Spiel. Die erzgebirgische Dockenfigur besitzt eine anmutige, einfache Form. Die Farbgebung ist zurückhaltend, das Dekor orientiert sich in aller Einfachheit am gedrechselten Rund.

In Nürnberg ist ein aufschlußreicher Briefwechsel zwischen dem Seiffener Verleger Hiemann & Sohn und der Nürnberger Firma Förster & Günther aus der Zeit um 1800 erhalten geblieben. Er zeigt die große Vielfalt gedrechselter Gebrauchsgüter und Spielwaren. »Pfeifenfutterale«, »Nadelbüchsen« und »große Büchsen für Rauchtabak« werden ebenso erwähnt wie »fressende Gänse im Stall«, »Früchte mit Nähzeug«, »gutgemachte Pochwerke«, »Reiter & Soldaten in Scherren« oder »gelbe und rote Äpfel und Birnen von Holz mit schönem Hausrat«. Die erwähnten hohlgedrehten, hölzernen Früchte, die zu öffnen waren, enthielten Miniaturen sämtlicher Hausgerätschaften. Sie waren Verpackung und kostbares Drechselwerk zugleich. Dem Inneren konnte man zierliche Service, an einem Faden gereihtes Babyspielzeug, ein winziges Ensemble von hölzernen Küchengeräten oder gar ein Städtchen entnehmen. Nürnberger oder alpenländische Motive haben in dieser Zeit einen großen Einfluß auf die erzgebirgische Gestaltung ausgeübt, da auch Auftragsmuster aus Nürnberg identisch nachgearbeitet wurden. Es verwundert daher nicht, daß Seiffen anfangs als Erzeugerort in den Akten kaum zu finden ist. Viele Seiffener Produkte gingen noch lange unter dem Begriff »Nürnberger Tand« in alle Welt hinaus.

Lassen wir doch Karl August Engelhardt berichten, der in Merkels Erdbeschreibung von 1804 den Aufschwung der Spielwarenherstellung deutlich macht:

»Der beträchtlichste Erwerbszweig aber hiesiger Gegend, besonders in Seifen, Haidelberg, Einsiedel, Niederseifenbach und Deutschneudorf ist die Holzwaarenmanufaktur, welche 2–300 Menschen unmittelbar ernährt, und außerdem noch Vielen, wenigstens am Feierabend oder im Winter einen guten Nebenverdienst giebt ... Sonst fertigte man nur Hemdenknöpfe, hölzerne Teller, Rockenstöcke, Spindeln etc. und der Vertrieb wollte nicht viel sagen. Allein seit etwa 50 Jahren ist die Mannigfaltigkeit und Schönheit der Waaren, damit aber auch der Absatz

Sandspielzeug

Kegelspiel

unglaublich gestiegen. Man fertigt jetzt, außer zahllosen Arten von Figuren, Kästchen und Büchschen, kleinen und großen Gruppen klingendem quickendem, bellendem und knarrendem Spielzeug, besonders die jetzt so beliebten kleinen Häuser, Paläste, Kirchen, Bäume, Zelter, Mauern, Bauhölzer etc., aus welchen Kinder nach Gefallen ganze Städte, Festungen, Klöster, Gärten, Ställe, Schuppen etc. zusammensetzen können …[2]

Gedrechseltes Spielzeug kann bereits an der Drehbank phantasievoll dekoriert werden, indem die »malerischen Mittel« des Drechselns genutzt werden. Neben dem Zinnreifen und dem Ränderieren (Einkerben gleichmäßiger Muster) fand vor allem das Brandreifen Verwendung. »Reibung erzeugt Wärme« – an einen rotierenden Drehkörper wird ein Stück Hartholz fest angedrückt, so daß die entstehende Wärme das Holz an der Reibefläche zum Verkohlen bringt. Dem Druck entsprechend können zartbraune bis nahezu schwarze Farbtöne erzielt werden. Oft wird vor dem Brennen mit dem Drehmeißel noch eine Vertiefung eingedreht. Diese farbliche Dekoration und die durch unterschiedliche Rillen mögliche Gliederung des Drehteils waren billig und dauerhaft. Kegel, Sandspielformen, Dosen oder Nadelbüchsen verloren ihren Schmuck auch nach längerer Benutzung nicht.

Die bei Hiemann gehandelten »Diversen Gegenstände mit Scheeren zum Aufstecken« sollen bereits um 1815 den jungen Napoleon II. begeistert haben. Als militärische »Reiter auf beweglichen Bändern« finden sie in einer Biografie Erwähnung. Ohnehin brachte die Zeit nach der französischen Revolution das Soldatenspiel in alle Kinderzimmer; in allen Uniformen und an allen Fronten. Gedrechselt und bemalt wurde, was den lithografierten Uniformblättern zu entnehmen war und was in die politische Konstellation paßte. Hoch zu Roß oder als Regiment zu Fuß wurden auf den Tischen und Fußböden die Schlachten der Geschichte nachgespielt. Gustav Ehnert, Seiffener Spielzeugmacher der Jahrhundertwende, wurde ob seiner Spielzeugsoldaten auch Soldaten-Ehnert genannt.

Soldaten zu Pferd

Marktszene mit Hochzeitspaar

Puppenhaus und Kaufmannsladen

Die Vielfalt erzgebirgischer Holzspielzeuge zählte bald nach Tausenden. Die große »Wohlfeilheit« der Erzeugnisse war wohl nur durch eine Teilung und Spezialisierung der Arbeit möglich. Verlagshäuser koordinierten gleichsam diesen Prozeß, der schließlich auch dazu führte, daß sich ganze Ortschaften ausschließlich mit der Herstellung bestimmter Artikel beschäftigten.

»So finden wir z. B. in Eppendorf vorherrschend die Fabrikation von Meubeln, in Pobershau die gedrehten Arbeiten vertreten; in Borstendorf findet die Erzeugung von Baukästen und Glasharmoniken, in Wünschendorf diejenige von Schweizerhäusern statt und Grünhainichen und Waldkirchen versorgen im ausgedehntesten Maasse den Markt mit Hohlwaren, Puppenstuben, Theatern, Material- und andern Läden, Häusern, Kirchen u. dergl.«[3]

Eppendorf, Grünhainichen oder auch Waldkirchen besaßen eine verkehrsmäßig günstige Lage. Der Transportweg vom Erzeuger zum Händler war kurz, so daß die Kosten für die Fracht niedrig blieben. Daher entstand dieses sogenannte architektonische Spielzeug vor allem dort.

Ehe aufwendige, mehrstöckige Kaufläden gefertigt wurden, etwa um 1900 von der Marienberger Firma Moritz Gottschalk, waren kleinere, ländliche Marktstände in der Herstellung. Sie ließen sich überall auf Wochen- und Jahrmärkten beobachten. Ja, auch der Dresdener Striezelmarkt mit seinem bunten Treiben war in aller Munde. Bereits 1809 durften 4 Seiffener Spielzeugmacher dort erstmalig ihre Ware »einen Sonnenschein lang« verkaufen.

Alte Musterkataloge lassen auch erahnen, wie beliebt und wertvoll (und teuer) Puppenstuben und Puppenhäuser als ausgesprochenes »Mädchenspielzeug« gewesen sein mögen. Betrachten wir das Angebot No. 815 bei Bestelmeier, dann kann man sich recht deutlich Klein-Susannchen vorstellen, das auf Zehenspitzen und mit großen Augen davorsteht.

»Ein großes Dockenhauß, 24 Zoll lang, 20 Zoll hoch und 11 Zoll tief, die vordere Wand desselben, welche mit Glasfenstern und Vorhängen versehen ist, kann man auf und zuschieben, damit Kinder inwendig das Meublement in Ordnung stellen und damit spielen können. Das Haus selbst enthält ein schön meublirtes Zimmer mit Tisch, Sesseln, Sopha und Spiegeln, neben daran eine Schlafkammer mit Vorhängebett, Tisch und Sesseln, ferner neben dem Zimmer eine Küche, mit der ganzen Einrichtung, unten ist der Stall, nebst 2 Pferden und ein niedliche Kutsche, woran man diese Pferde spannen kann, dazu kommt das Domestiquen-Zimmer, darinnen sind Bett, Tisch und

Stühle, die Zimmer alle auf Tapetenart, mit Borduren und schön gemahlt. Kostet mit der Kiste 21 fl.«[4]

In solchen biedermeierlichen Zimmerchen ließ es sich herrlich spielen. Hier hatten auf dem Sofa viele kleine Püppchen Platz, Kommoden und Schränke waren zum Öffnen gedacht. Tellerchen und Besteck en miniature konnten fein säuberlich auf dem Tischlein zurechtgelegt werden.

Vom Reifen zum fertigen Tier …

Kostbarkeiten aus dem Reifen

Zu einem alten »Drehwerk« soll es gehen. Das rhythmische Laufen des Wasserrades ist schon von weitem zu hören. Der Weg führt vorbei an einem kleinen Staudamm, der zu dieser musealen Wasserkraftanlage von 1760 dazugehört und in dem Fichtenstämme schwimmen. Endlich ist man an der kleinen Tür der Werkstatt. Früher war hier ein Schildchen angebracht: Betreten verboten! Ja, die Technologie des Reifendrehens wurde wohlgehütet. Und es ist noch heute ein Geheimnis um diese sonderbare Form der Holzdrechselei. Entwickelt hat sie sich um 1800, sicherlich allmählich vom Einfachen zum Komplizierteren, aber die Absicht war stets dieselbe:

»So gehören insbesondere zu den Vorarbeiten die sogenannten Reifen, große hölzerne Ringe mit verschiedenartigen Vertiefungen und Erhöhungen, welche die rohe Form des Gegenstandes darbieten und dann in Stücke gespalten werden, um daraus alle Arten vierfüssiger Thiere, Vögel, Arme, Beine, Hände und Füsse für Figuren, Gewehre und eine Menge anderer Artikel zu schnitzen.«[5]

Um preiswerte, rationell herzustellende Schnitzrohlinge ging es also, wie diesem Bericht von 1837 zu entnehmen ist. An diesem Grundsatz hat sich wohl kaum etwas geändert, doch Reifendreherei ist seit langem eine kostbare Kunstfertigkeit geworden, die nur noch von wenigen beherrscht wird. Der Reifendreher benötigt weiches, gut spaltbares Holz, welches von geradem Wuchs ist. Die Jahresringe sollten gleichmäßig, die Astquirle weit auseinanderliegend sein. In der niedrigen Drehstube begegnen sie uns wieder, die nassen Fichtenholzabschnitte aus dem Teich. Wir stehen vor mehreren Drehbänken. Die Antriebsriemen herauf von der Radstube surren leise. In das nasse Holz werden vom Reifendreher Rillen und Kerbungen gedreht. Zischend und sprühend lösen sich zarte, mitunter meterlange Holzspäne. Vorsichtig maßnehmend fühlen die Finger an den entstehenden Formen. Reifendrehen erfordert hohe Konzentration und Vorstellungsgabe. Ein gleichsam inneres Sehen scheint vonnöten. Der halbfertige Ring wird nun abgelöst und umgedreht wieder auf ein rotierendes Stück aufgebracht. Vor- und Fertigdrehen heißen beide Arbeitsgänge, und schließlich liegt er vor uns, ein geschlossener hölzerner Ring, der sein Geheimnis noch verborgen hält. Gespannt wird auf den Moment des Aufspaltens gewartet, selbst der geübte Reifendreher kann erst jetzt das Ergebnis seiner Anstrengungen, die Tierform, sehen. Die Hilfe eines Messers und eines kleinen Hammers ist nötig – ein Schlag, und der Reifen ist geöffnet. Stück für Stück, Tier für Tier, Kuh für

Kuh wandern etwa 40 gleichaussehende Holzabschnitte aus dem hölzernen Rund hervor.

Früher haben Reifendreher die fertigen Holzringe oft nicht selbst weiterverarbeitet. Vielmehr wurden die Reifen zu

In der Werkstatt

speziellen Tierherstellern weitergegeben. Dort folgte das Beschnitzen der Rohform. Mit geübten, raschen Schnitten wurde dazu die Unter- und Oberseite des Tieres abgerundet, der Kopf ausgearbeitet und schließlich »Ausgebeinelt«, womit das Ausformen der zarten Tierbeine gemeint ist. Bevor es an das An-

und Einleimen von Ohren, Hörnern, Geweihen oder Schwänzen ging, mußte das Tier getrocknet sein. Schließlich wurde bemalt. Grund- und Deckanstriche aus Leimfarbe dekorierten das Tier gemäß seiner Eigenart, und ein abschließender Spiritus-Lacküberzug erhöhte die farbliche Wirkung.

Obgleich heute andere Farben verwendet werden, haben Reifentiere ihre unnachahmliche Wirkung behalten. Sie sind ein Stück Technik- und Kulturgeschichte geworden, und ihre erzgebirgische Herkunft stellt ihnen ein Echtheitszeugnis aus. Zugleich hat sich das Phänomen von Qualität und Produktivität erhalten: Die kaum vorstellbare Spezialisierung zwischen den Familien, ja selbst zwischen einzelnen Arbeitsschritten.

Das Leben der Reifentierhersteller war hart und Kinderarbeit weitverbreitet. Erzgebirgische Kinderhände waren beim Schnitzeln, Kleben und Malen beteiligt, aber nur selten durften sie mit den hölzernen Pferdchen, Schäfchen oder Elefanten spielen.

> *Voter, gibt's Kinner of daarer Walt,*
> *die sette Schaafle kaafen üms Gald?*
> *Schaafle un Pfaarle, wie mer'sche sieht?*
> *Voter, wos machen dä die dermiet? –*
> *Spielzeugmacher, dos solln mir sei?!*
> *Spielzeig, Spielzeig, do lach ich fei!*
> *Spielzeig – vun früh bis in dr Nacht!*[6]

Die Vorteile des Reifendrehens kamen im 19. Jh. der auf-
blühenden Spielzeugfertigung im Erzgebirge sehr entgegen.
So war es nicht nur möglich, eine hausindustrielle Massen-
produktion zu entwickeln, sondern zugleich qualitativ sehr
Unterschiedliches herzustellen. Bereits ein abgespaltenes
Stück, unbemalt und unbeschnitzt, war als Billigspielzeug
tauglich. Das sogenannte »Elendsvieh« erhielt später seine
Bezeichnung nicht nur wegen der elenden Lebensverhält-
nisse der Spielzeugmacher, sondern vielleicht auch wegen
der minderen Verarbeitungsqualität. Üblicherweise wurden
Reifentiere durch kantige Kerbschnitte abgerundet, aber es
entstanden auch kunstvoll gefeilte, geschliffene, gekreidete
(geweißelte) und samtig wirkende, mit Tuchstab belegte
Sortimente.

Wen wundert es, in der Werkstatt des Wasserkraftdreh-
werkes auch ein reifengedrehtes Städtchen zu entdecken.
Häuser und Stadttore sind halbrund, und die rotbedachte
Stadtmauer schließt das kleine Häuserensemble zum Kreis.

Noahs Arche

Schiff mit 300 Creaturen

Um 1850 wurde ein erzgebirgisches Holzspielzeug zum erstrangigen Exportschlager: Die Arche Noah. Als Aufbewahrungskasten für Noahs Familie und zahlreiche Tierpaare war sie ein beliebtes Kinderspielzeug des Spätbiedermeier. Ihre Besatzung mit bis zu »300 Creaturen« eignete sich hervorragend dazu, vom sittsam gekleideten Kind auf dem Tisch aufgereiht und geordnet zu werden. Die Erwachsenen konnten bei diesem Aufstellspiel naturkundlich-zoologische Information leicht mit geografischer Bildung verbinden. Oft beigegeben waren dreispaltige Packzettelchen, die die kostbare Fracht der »Cameele«, »Trampelthiere«, »Elephanten« bis hin zum Heupferd, Käfer und Johanniswürmchen auflisteten.

Schon eine 1493 in Nürnberg erschienene Weltchronik stellt den Bau des schwimmenden »Kastens« dar. Der Gedanke, Spielzeugtiere in einem solchen »Kastenschiff« unterzubringen, lag nahe. Als Kind soll bereits der 1601 geborene französische König Ludwig XIII. mit einer tiergefüllten Arche gespielt haben. 1803 wird in einem Spielwarenmagazin dann folgende Arche angeboten:

Nr. 253. Die Arche Noa, inwendig befinden sich 50 paar oder 100 Figuren, schön lakiert, damit man solche aufs Wasser setzen kann. 56 kr., größere 1 fl 24 kr.[7]

Die Gehäuse der Archen »made in erzgebirge« kamen vor allem aus dem Dörfchen Hallbach, unweit der damaligen Verlegerstadt Olbernhau gelegen. Aufgrund der dortigen Spezialisierung sprach man bald vom Archendorf. Falls die Arche nicht im »rohen« Zustand Verwendung fand, lieferte der »Weißbauer« an einen Maler, der sie mit Hilfe von Schablonen farbig gestaltete. Oft wurde Fachwerk aufgemalt, dem Vorbild der lokalen Architektur folgend. Andere Archen überklebte man mit farbig gedrucktem Papier oder brachte kostbare Strohintarsien auf. Das Dach oder ganze Wände konnten geöffnet werden, um die reifengedrehte oder aus »Masse« gedrückte Tierbesatzung zu verstauen. Millionen von Schiffsarchen, Räderarchen, Hausarchen, Stallarchen oder Schweizerarchen nahmen ihren Weg per Schiff in alle Welt.

Vor allem im puritanischen Amerika sowie im sittenstrengen und religiösen England gehörte die Arche zu den wenigen erlaubten Spielzeugen am Sonntag. Als bekanntes und beeindruckendes Motiv aus dem Alten Testament wurde dieses Arche-Noah-Spiel zumeist mit der biblischen Kunde verknüpft. Charles Dickens Büchlein »Der Weihnachtsbaum« entführt uns in eine solche sonntägliche Kinderstube, in der das Umgehen mit der Arche symbolisch für das Kinderspiel einer ganzen Epoche wird. In Deutschland hat vor allem H. Hoffmanns »König Nußknacker und der arme Reinhold« der Arche zu größerer Popularität verholfen. Vom einstigen mytischen Vorzeitenbericht ist hier nur noch ein Kindermärchen geblieben.

> *Es kam nunmehr ein großer Zug.*
> *Die Arche Noäh war's, die trug*
> *Gar allerlei Getier herbei.*
> *Das Alles zog zu zwei und zwei*
> *Fromm aus dem Kasten durch die Stadt,*
> *Ein Zug, der kaum ein Ende hat.*[8]

Die Schachtel ist voller Geheimnisse ...

Das Dorf in der Schachtel

Neben dem Spielzeug mit »Farbe, Klang und Bewegung«
war das »Spielzeug zum Bauen« beliebt. Prachtvolle Jagden,
Tier- und Paradiesgärten, Viehweiden oder Schäfereien
nahmen bereits im Katalog von Bestelmeier (1803) einen
breiten Raum ein. Als »Große Gegend« wird dort ein umfangreiches Sortiment an Bäumen, Häusern, Zäunen, Figuren und Tieren angeboten. Diese sogenannten Bauereien,
darunter auch Szenen der Kleinstadt oder des höfischen
Lebens, wurden alsbald zur erzgebirgischen Spezialität. Als
Füll- und Schachtelware, verpackt in Kistchen, Kartons,
Schachteln, Gazebeuteln und schließlich Anfang des
20. Jhs. in der Zündholzschachtel, widerspiegelten jene
Sortimente in trefflicher Weise die kulturelle Situation der
Epoche. Das spielende Kind konnte sich beim Aufbau im
Garten oder auf dem geräumigen Tische stundenlang damit
unterhalten. Wenn das Kind so einen roten, flachen Papp-
karton öffnete, fand es die Dinge wohlgeordnet vor. Denn
oft waren die Häuschen oder Figuren mit zartem Faden am
Kartonboden befestigt. Als Hintergrund dienten Papier
oder Holzwolle, nicht selten in sattem Grün gefärbt, um die
Farbkontraste zu steigern. Die szenischen Darstellungen

entsprachen nicht nur den jeweiligen lokalen Verhältnissen, sondern gaben den Entwicklungsstand der Technik, den Zeitstil, die herrschende Mode wieder. Der Alltag mit all seinen Erscheinungsformen bot den Spielzeugmachern unendlich viele Gestaltungsmotive und den Kindern die phantasievolle Möglichkeit, die Welt nach Vorbildern und eigenen Vorstellungen zu begreifen, zu gestalten und spielend in sie hineinzuwachsen. Für die erzgebirgischen Verleger wurde dabei die Spanschachtel zum wichtigen Verpackungsmittel: Gezogene Holzspäne wurden um oval oder rund ausgeschlagene Böden gelegt und durch Holzbänder zusammengeflochten. Im Verlagshaus ordneten ungezählte Hände die Einzelteile sortimentsgerecht ein (nach einem genauen Lageplan oder der Vorlage des Musterbuches). Die verschiedensten Hersteller, die in hohem Maße auf ein Einzelprodukt spezialisiert waren, lieferten nach Maßgabe des Verlegers zu.

Das Kind benötigte zum »Bauen von Landschaften« auch Bäume, die in unterschiedlichsten Ausführungen im Angebot waren. Gezogene Späne, variantenreich in den Stamm eingeklebt, oder auch mit dem Stecheisen gearbeitete Baumformen, sind in den erzgebirgischen Musterbüchern um 1850 ebenso zu finden wie Bäume aus Pappe, Papier oder Moos. An die Stelle des Materials Moos trat bald das relativ haltbare, gut einfärbbare Luffa. Jene ursprüngliche Technik des sogenannten Bäumchenstechens erfuhr jedoch erst in den 20er Jahren unseres Jahrhunderts einen neuen Aufschwung. Heute ist der Spanbaum aus der erzgebirgischen Volkskunst nicht mehr wegzudenken.

Das kleinteilige Sortiment aus dem Karton ist derzeit wieder beliebt. Auspacken, Sortieren, Aufstellen, Verändern, Ergänzen und sorgsames Verpacken scheinen sowohl sinnliche als auch praktische Vorzüge der »Schachtelware« zu sein. Ist das »Kind im Manne« einmal geweckt, ist der Weg zum begeisterten Sammler erzgebirgischen Spielzeugs nicht weit.

Zum Auspacken bereit …

Soldatenschiff

Bewegliches aus Holz

Sicherlich kamen auch Vorbilder für bewegliches Spielzeug aus dem Nürnberger Raum. Gerade jene Erzeugnisse, die das Kräftespiel von Rädern, Kurbeln oder Pendeln auszunutzen versuchten, trafen im Erzgebirge auf einen fruchtbaren Boden. Hatten doch bergbauliche Zimmermannskünste und phantasievolles Werkgestalten als Erbe des Bergbaus ein treffliches Gespür für technische Spielereien entwickeln helfen. Simple mechanische Zusammenhänge, oft im Inneren der mannigfaltigen Klimperkästchen, Ziehwagen oder Pendelspiele verborgen, erzeugten beeindruckende Spieleffekte. Dabei spielten das Gebirgsmilieu und der Alltag des Dorfes eine wichtige Rolle. Das erzgebirgische Bewegungsspielzeug wurde denn auch Ausdruck für die Geisteshaltung des 19. Jahrhunderts. Biedermeierliche Idylle und kleinstädtisches Gemüt verbanden sich mit der Absicht, dem Kinde eine freundliche Welt en miniature zu übergeben, in der man sich auskannte und in der die gesellschaftlichen Normen im Spiele eingeübt wurden.

Die Mechanik dieser Altdorfer Leiern, die im Erzgebirge Klimperkästchen genannt wurden, ist folgende: Eine kleine Kurbel bringt Wellen und Rädchen im Inneren zum Drehen,

Spielzeuglieferung

die wiederum Figuren oder Tiere in Bewegung versetzen. Kleine Federkiele erzeugen an Metalldrähten ein helles Ping-Ping. Mitunter war über eine Kurbelwelle ein Band gespannt, auf dem laufende Figuren und Tiere durch eine hölzerne Kulisse wandern. Erzgebirgische Klimperkästchen führen fast immer einen sinnvollen Arbeitsgang vor, etwa das Taubenfüttern, das Buttermädchen, ein Tanzpaar im Kreise, den Bär mit seinem Führer, Reiter auf einem Karussell …

Das Prinzip des schwingenden Pendels wird in anderen Spieldingen verwendet: Es läßt ein Huhn das Futter picken, versetzt einen Reiter in Trab, verhilft einem Affen zu Kunststücken. Die Kraft des rollenden Rades wiederum nutzen die Fahrspiele aus. Beim Ziehen oder Schieben verselbständigt sich diese Bewegung – der springende Ziegenbock, das schaukelnde Frauenzimmer, das sich drehende Riesenrad, die tanzenden Vögel oder die marschierenden Matrosen des Räderschiffes gewinnen ein Eigenleben, laden das Kind zum Beobachten und Simulieren ein. Bei Jungen beliebt war vor allem das »Soldatenschiff«. Ein Kästchen als Schiffsrumpf mit vier Rädern, drei Stäbchen als Masten mit weißen Segeln und Wimpelfähnchen aus Papier, eine Flagge am Bug und auf Deck acht Matrosen in zwei Gliedern. Was war das für eine prächtige Fahrt, wenn die blauen Kerlchen sich exerzierend hin- und herbewegten, als ob sie tatsächlich im Gegenzug marschierten.

Zu den lustigsten Bewegungsspielzeugen gehört der Hampelmann, ein Verwandter der Marionette. Lange vor dem hölzernen Bewegungskünstler aus dem Erzgebirge kamen Hampelmänner als Ausschneidebogen auf die Welt. Aber stabiler ist er schon, der hölzerne Mann, der bei jedem zarten Ruck an dem Schnürchen seine Arme und Beine nach oben fliegen läßt.

> *Nun tanzten sie so sonderbar,*
> *Daß Alles stumm vor Staunen war.*
> *Sie trappelten und zappelten,*
> *Daß Arm' und Beine rappelten;*
> *Und wie im Takt sie sprangen,*
> *Sie auch ein Liedchen sangen:*
>
> *»Hanselmänner heißen wir,*
> *Tausend Possen reißen wir,*
> *Und sind kreuzfidel!*
> *Schickt herum im deutschen Reich!*
> *Keiner tut's uns Beiden gleich.*
> *Wahrlich! meiner Seel'!*[9]

Statt Zündhölzer: Spielzeug

Miniatur und kleiner Schwede

Bereits vor der Jahrhundertwende zeigten sich im Erzgebirge gewaltige Probleme. Da waren zum einen die enorm steigenden Holzpreise, die sich besonders im materialintensiven Spielzeug niederschlugen. Nachhaltiger bedrohten Veränderungen in der Zollpolitik die erzgebirgische Spielzeugindustrie. Für bisher gültige Warenwertzölle führten wichtige Importländer in kurzer Frist Gewichtszölle ein. Der neue französische Generaltarif von 1881 beispielsweise änderte den Wertzoll von 10 % in einen Gewichtszoll von 60 fr. pro 100 kg um. Schweren, sperrigen Großspielzeugen war damit eine Ausfuhr nahezu unmöglich gemacht. Diese ökonomischen Veränderungen belasteten vor allem die kleinen, regionalen Verlagshäuser. Es galt, sich umzustellen und dies auf schnellstem Weg. Für Seiffen hat sich besonders der Verleger H. E. Langer das Verdienst erworben, in wenigen Jahren den Prozeß der Miniaturisierung durchgesetzt zu haben. Um 1905 hat er erstmalig verkleinerte Formen von Figuren, Fahrzeugen und Zubehör auf den Markt gebracht. Bereits 1912 stellte H. E. Langer auf der Erzgebirgsausstellung in Freiberg ein umfangreiches Miniatursortiment vor. Diese kleinen Neuheiten, die sich Langer schnell gegen Nachahmungen patentieren ließ, erhielten in Freiberg eine Silberne Medaille und wurden rasch zum Vorbild für andere Verlage.

Sauberste Ausführung der Figuren, Fahrzeuge oder Häuschen, beeindruckende Miniaturdrechselei, detailgetreue Bemalung und das Vermögen, selbst an kleinsten Spieldingen durch gekonnte Gestaltung zu brillieren, war eine Herausforderung für die Seiffener Volkskunst. 1905 erschien bei H. E. Langer in Gestalt der »Erzgebirgischen Bauernstube mit der Ofenbank« die erste Miniatur in der Zündholzschachtel. H. E. Langer hatte dazu Einrichtungsgegenstände einer miniaturisierten Bauernstube (7×4×4 cm) in eine Zündholzschachtel (6×4×2 cm) eingeklebt und neben der Stubenwandung auch die Verpackung einsparen können. In den Folgejahren kamen im Raum Seiffen über 100 verschiedene gefüllte Zündholzschachteln dazu. H. E. Langer allein soll jährlich rund 500 000 Schachteln verkauft und vorrangig in englischsprachige Länder exportiert haben. Neben den festeingeleimten Szenerien waren bewegliche Miniaturen, Konstruktionssortimente und kleinste Gesellschaftsspiele in den Zündholzschachteln verpackt worden. Ideenvielfalt und Phantasie dieser Spielzeugmacher erinnern an den Einfallsreichtum und die Kunstfertigkeit der einstigen Bergleute, die knifflige Probleme mit überraschend einfachen Mitteln zu lösen wußten.

Besonders beliebt wurden bald die mit Zinnrädchen ausgestatteten Miniaturfahrzeuge. Begonnen hatte es mit einer gelben Postkutsche, der reifengedrehte Pferdchen vorgespannt waren. Alsbald folgten Motorfahrzeuge aller Art, die dem zeitgenössischen Trend der Automobilentwicklung entsprachen. Bis heute steht der Begriff »Miniaturspielzeug aus dem Erzgebirge« für hohe Qualität. Aus einstigen Spielwaren sind inzwischen wertvolle Sammlerstücke geworden, die in der gegenwärtigen Produktion als detailgetreue Nachauflagen eine Renaissance erleben.

Seit 1850 ist im Erzgebirge auch eine qualitätvolle Baukastenproduktion beheimatet. Neben Seiffen wurde vor allem Blumenau zum Zentrum der Baukastenfertigung. Mehrere Firmen hatten sich in diesem Dorf unweit der Verlegerstadt Olbernhau niedergelassen und standen schnell im gestalterischen und preislichen Wettbewerb. Historien- und Architekturbaukästen widerspiegelten die Gründerzeit. Der sogenannte Rollendruck verlieh Blumenauer Baukästen eine besondere »Prägung«. Als einmaliger Beleg für die wohl früheste industrielle Spielzeugproduktion im Erzgebirge gelten jedoch besonders die Bau-, Lege- und Kombinationsspiele der Oberseiffenbacher Firma S. F. Fischer. Was da seit 1850 durch Sägen, Fräsen, Trommeln, Polieren, Prägen und natürlich durch Drechseln entstanden ist, zeichnet sich nicht nur durch ein hohes handwerkliches und technologisches Niveau aus. Vor allem war S. F. Fischer mit seinem frühzeitig ausgerichteten pädagogischen Programm von Spielgaben eine der ersten Fabriken, die das Gedankengut von Friedrich Fröbel in die industrielle Serie umsetzten.

1908 ließ die Spiel- und Holzwarenfabrik S. F. Fischer

unter der Gebrauchsmuster-Nr. 327278 vom 10. Januar den ersten Miniaturbaukasten eintragen, der auf die artfremde Nutzung der Zündholzschachtel zurückgriff. Da diese Schachteln für Sicherheitszündhölzer nach ihrem schwedischen Ursprung auch »Schwedenschachteln« genannt wurden, erhielt dieser Baukasten den klangvollen Namen »Kleiner Schwede«. Er enthielt vier weiße, bedruckte und drei rotgefärbte Klötzchen sowie eine Bauvorlage mit 15 Vorschlägen. Als »THE LITTLE COTTAGE – MADE IN GERMANY« wurde er zum wichtigen Exportartikel.

Fahrzeugparade en miniature

Blumenkinder auf der Spieldose

Weiße Pünktchen,
elf an der Zahl

Die Geschichte des erzgebirgischen Holz-Spielzeuges ist zugleich eine Geschichte der wirtschaftlichen und sozialen Krisen. Als »Armenhaus Deutschlands« oder als »sächsisches Sibirien« war das Erzgebirge Inbegriff für soziale Notzustände, Armut und einer ausgeprägten Kinderarbeit. Unter dem internationalen Preisdruck hatten am Ende des 19. Jahrhunderts der Qualitätsverfall der erzgebirgischen Spielwaren und die zugleich enorm ansteigenden sozialen Zwänge beängstigende Ausmaße angenommen. Eine wichtige Gegenreaktion stellten die Gründungen staatlicher Fachgewerbeschulen dar, in Seiffen kam es 1852 dazu, in Grünhainichen 1874.

Technisierung und Rationalisierung brachten Unsicherheiten im Umgang mit der alten Form. Die Verbindung zwischen Volkskunst und Gewerbe drohte abzureißen. Beide Schulen konnten mit großem Einfühlungsvermögen diesen Tendenzen entgegenwirken und mit einer zeitgemäßen Produkt-Ästhetik gleichzeitig neue Wege aufzeigen. Die erbrachten Leistungen, vor allem eine fundierte Werkstattausbildung auf hohem Niveau, führten schließlich 1936 zur staatlichen Anerkennung des Spielzeugmacherberufes.

Einfluß auf die Erzeugnisse der erzgebirgischen Haus-industrie nahmen auch Kunstgewerbler und Künstler. Ge-staltungen von Th. Artur Winde belebten um 1920 die hei-mische Produktion, indem sie alte, erzgebirgische Muster durch neue Ideen ergänzten. Im Spielzeugmacher- und Ver-legerort Grünhainichen, ursprünglich nur seiner Kaufläden, Baukästen und Pfeifenspielzeuge wegen bekannt, entwickel-ten sich um 1930 mit Unterstützung der örtlichen Spiel-warenschule neuartige Schnitzereien, so in der Werkstatt Helbig. Und die fein gearbeiteten Miniaturspielzeuge aus den Händen der Familie Ender gehen auf Entwürfe Prof. Alwin Seiferts zurück.

Heute verbindet man die Herkunftsangabe »Grünhaini-chen« gern mit den bekannten kleinen Engelchen, deren grüne Flügel gleichsam als Markenzeichen 11 weiße Punkte zieren. Der Hersteller, die Firma Wendt & Kühn, bereichert seit über 70 Jahren mit diesen Engeln und weiterem »Spiel- und Tändelkram« die traditionelle erzgebirgische Spielzeug- und Figurenwelt. Die meisten der zart verspielten und fein-sinnig bemalten Kompositionen gehen auf Entwürfe von Grete Wendt zurück. Zeitgenössische Stilkunst, bäuerliche Malerei und Elemente der erzgebirgischen Spielwarenpro-duktion verschmolzen bei ihr zu einem eigenwilligen Aus-druck. Mit Golddekor überhäufte Engel sind da ebenso zu bestaunen wie anmutige Kinderszenen und verschmitzte Mond- und Sternenfiguren, die einem Kindertraum ent-stiegen sein könnten. Blumenkinder und Märchengestalten

Es ist angerichtet …

»Alle Jahre wieder …«

fanden sich bald auch auf kleinen farbenfrohen Spieldosen wieder. Die Zwiesprache von Musik und Figuren, die Poesie der Kreisbewegung, das Umsetzen der zarten Melodie in Stofflichkeit mögen für diese Produktion reizvoller Ansatzpunkt gewesen sein.

Offenbar war unter kunstgewerblichen Einflüssen auch der hölzerne Osterhase auf die Spielzeug-Welt gekommen. Ganz in Familie, in der Hasenschule, als trautes Pärchen oder als eierbemalender Junggeselle ist er aus dem Sortiment des Erzgebirges heute nicht mehr wegzudenken.

Nußknackerfamilie

König Nußknacker im Spielzeugland

Im Erzgebirge wird seit Jahrhunderten eine bergmännische Weihnacht gefeiert. Die bergmännische Sehnsucht nach dem Licht führte dazu, daß der Erzgebirgler bereits um 1800 seine Weihnachtsstube mit Leuchtern und Drehtürmen (Pyramiden) illuminierte. Die Huldigung des Lichtes als frommes Symbol des Bergmannes, als Gleichnis für die Wiedergeburt nach getaner Arbeit, war zum zentralen Weihnachtsthema geworden. Dieser Brauch nahm nach 1850 zu, als die billigeren Stearinkerzen Verbreitung fanden. Geschnitzte oder gedrechselte Bergleute und Engel leuchteten als symbolträchtige, lichtertragende Figuren bald in vielen Häusern.

Nach der Mitte des letzten Jahrhunderts, in einer Zeit, als Weihnachten sein noch heute vorherrschendes Brauchtum fand, begannen sich im Erzgebirge neue Produktionsansätze zu regen. Der sich entfaltende Charakter einer volkstümlichen Lichterweihnacht, einer Festzeit des Schenkens und der Familienfeier, führte neben der Spielzeugfertigung zu einer bescheidenen, weihnachtlich gestimmten Produktion. Noch wurden nur wenige Weihnachtsfiguren gefertigt und zumeist nur auf den heimischen Weihnachtsmärkten vertrieben. Größeren Umfang erreichte diese Herstellung mit der Jahrhundertwende. In der Kleinserie produzierte Pyramiden wurden schließlich erst weit nach 1900 in wesentlichen Stückzahlen zum Verkauf gebracht. Gewerblich entscheidend für das Spielzeugland wurden Weihnachtsartikel nach der Mitte unseres Jahrhunderts.

Die Geburtsstunde des heute weltberühmten Seiffener Nußknackers hat jedoch bereits 1870 geschlagen. Als dessen »Vater« wird Wilhelm Füchtner erwähnt. Den Kindern des Erzgebirges waren diese Figuren lebendiges Brauchtum und zugleich ein Stück des Broterwerbs, wie der Seiffener Schüleraufsatz »Nußknacker« des Jahres 1927 verrät:

»Im Füchtnerhaus in Oberheidelberg (bei Seiffen) bin ich geboren. Dort holte mich des Drehers Eisen aus einem Fichtenholz. Ich war freilich noch ein Krüppel, aber bald wurden mir Arme eingeleimt und Beine eingesetzt. Auch Stiefel bekam ich. Außer ihnen hatte ich nichts am Leibe, und hätte ich nicht am warmen Ofen stehen können, so hätte ich sicher das Reißen bekommen. Wir waren viele Brüder zu Hause; einige gingen zur Feuerwehr, andere zur Reichswehr, und ich mit noch anderen zur Polizei. Unser Vater holte uns nun zum Tisch, und wir bekamen unsere Uniformen mit blanken Knöpfen, einen Helm und schwarze Hosen mit roten Streifen. Unter dem Helm quoll eine weiße Perücke hervor, die in einem langen, breiten Zopf endigte. Wenn mich jemand am Zopf zieht, werde ich böse und sperre meinen Mund auf.«[10]

Mit Hintersinn und leichter Sozialironie gerät der erzgebirgische Nußknacker bald zu einem allgemeinen Sinnbild der weihnachtlichen Produktion.

Weihnachten im Erzgebirge ist auch die Zeit des Weihnachtsduftes. Das erzgebirgische Crottendorf hat dazu bereits im 18. Jahrhundert handgeformte Räucherkerzen angeboten. Erst die aufkommende Volkssitte des Pfeiferauchens dürfte dem Spielzeugmacher Anlaß gewesen sein, die duftverströmende Räucherkerze in eine hohlgedrehte Figur zu stellen. Schmauchend, mit der Pfeife im Mund, wurden diese Räuchermännchen nach 1830 zum Abbild des gemütvollen Dorfgesellen.

Gewerbliches Denken beeinflußte auch die Seiffener »Krippenlandschaft«, die mit dem kunstvollen Naturalismus der südländischen Krippe kaum etwas gemein hatte. Vielmehr führte das ansässige Handwerk zur spielzeughaften, gedrechselten Krippenform. Selbst der Schwibbogen, ursprünglich ein schmiedeeiserner Leuchter aus Johanngeorgenstadt, wird im Spielzeugwinkel oft zum Rahmen für gedrechselte Spielzeugszenerien – wie Figuren, Häuser, Bäume, die Seiffener Kirche.

Einst anonym als »Nürnberger Tand« in alle Welt verkauft, ist das Spielzeug aus dem Erzgebirge heute zur hölzernen Kostbarkeit geworden. Blicken wir mit ihm nicht nur zurück in die vorväterliche Alltagskultur, sondern lassen wir uns überraschen von neuen Spielideen und kunsthandwerklichen Entdeckungen.

Kleine Chronologie

1168
Bei Christiansdorf (Freiberg) wird Silbererz gefunden.

13. Jahrhundert
Erste Befestigungen an der Salzstraße, z. B. Sayda und Purschenstein.

1324
Erste urkundliche Erwähnung von »cynsifen«.

um 1500
Leonardo da Vinci zeichnet eine Fußdrehbank mit gekröpfter Welle.

um 1650
Erste aktenkundige Erwähnung von Teller- und Spindeldrehern im Raum Seiffen.

um 1770
Erste Verlagsgründungen, z. B. Hiemann in Seiffen oder Oehme in Grünhainichen

1760
Das Preißlersche Wasserkraftdrehwerk (heute Freilichtmuseum Seiffen) nimmt seinen Betrieb auf.

*

1810
Frühester dokumentarischer Beleg zum Reifendrehen
in Seiffen.

um 1850
Druck erster prachtvoll gestalteter erzgebirgischer
Spielzeugmusterbücher.

1850
Gründung der ersten Holzspielwarenfabrik durch Samuel
Friedrich Fischer (Baukastenproduktion)
in Oberseiffenbach.

um 1905
Beginn der Umstellung auf Miniaturspielzeuge.

1913
Gestaltung der »Beerenkinder« durch Grete Wendt.

1915
Gründung der »Werkstätten für feine Holzarbeiten«
Wendt & Kühn.

1936
Anerkennung des Spielwarenmachers als Beruf.

1953
Eröffnung des Erzgebirgischen Spielzeugmuseums Seiffen.

Auf dem Karussell

Quellen / Anmerkungen

1) Archiv des Erzgebirgischen Spielzeugmuseums Seiffen.
2) ENGELHARDT, Karl August: Merkels Erdbeschreibung. Dresden und Leipzig 1804.
3) FISCHER, Hugo: Technologische Studien zum Sächsischen Erzgebirge. Leipzig 1878.
4) HIERONISMUS, Georg: Bestelmeier Spielwarenmagazin. Nürnberg 1803.
5) STATISTISCHER VEREIN IM KÖNIGREICH SACHSEN (Hrsg.): Einiges über Holzwarenfertigung, Serpentinsteinbrüche und Serpentinsteindrechselei, so wie über die Perlenfischerei im Königreich Sachsen. Dresden 1837.
6) WENZEL, Max: Seiffner Kinner. Aus: Blechschmitt, Manfred (Hrsg.): Bhüt eich fei dos Licht. Ein Weihnachtsbuch des Erzgebirges. Leipzig 1971.
7) HIERONIMUS, Georg: Bestelmeier Spielwarenmagazin. Nürnberg, 1803.
8) HOFFMANN, Heinrich: König Nußknacker und der arme Reinhold. Frankfurt a. M. 1982.
9) ebenda
10) FLATH, Bruno: Nußknacker erzählt seine Lebensgeschichte. Aus: Unsere Schule, 6. Jg., Nr. 12. Bremen 1927.

Die Deutsche Bibliothek – CIP-Einheitsaufnahme
Spielzeug aus dem Erzgebirge / Konrad Auerbach.
Udo Pellmann. – Würzburg : Stürtz, 1995
(Stürtz – Kleine Bibliothek ; Bd. 26)
ISBN 3-8003-0686-7
NE: GT

Wir danken dem Erzgebirgischen Spielzeugmuseum in Seiffen
für die freundliche Erlaubnis zur Fotografie.
Alle abgebildeten Objekte sind im Museumsbesitz.